ADMINISTRATION

DU JOURNAL DES DAMES ET DES DEMOISELLES

BRUXELLES | PARIS
RUE BLAES, 33 | RUE DU QUATRE-SEPTEMBRE, 3

L'ART DE PLIER

LES

SERVIETTES DE TABLE

L'ART DE PLIER

LES

SERVIETTES

DE TABLE

PAR

Mme AGNÈS VERBOOM

ADMINISTRATION

DU JOURNAL DES DAMES ET DES DEMOISELLES

BRUXELLES	PARIS
RUE BLAES, 33	RUE DU QUATRE SEPTEMBRE, 3

L'ART DE PLIER

LES

SERVIETTES DE TABLE

Autrefois les éditeurs de livres rares et curieux, qui voulaient que leurs éditions atteignissent le dernier degré de la perfection, invitaient les érudits à critiquer leurs volumes et à leur signaler la moindre faute qui aurait pu s'y être glissée; ils donnaient même des primes à ceux qui parvenaient à y découvrir quelque erreur, quelque omission. C'est dans le même esprit que nous soumettons nos manuels à nos abonnées. Nous les engageons à nous faire part de leurs idées sur les améliorations qu'il serait possible d'y apporter, sur les choses nouvelles, utiles et pratiques qui pourraient y être ajoutées. C'est pour elles que nous travaillons, et nous voudrions que les ouvrages que nous leur dédions répondissent en tous points à leurs besoins et à leurs désirs.

Nous nous ferons toujours un devoir et un plaisir d'apporter à nos manuels les modifications et d'y faire les additions qu'elles auront jugées nécessaires. C'est ainsi que plusieurs de nos abonnées nous ayant exprimé le désir d'être renseignées sur la manière de plier les serviettes, avec explications détaillées et dessins à l'appui, nous nous sommes empressés de faire rédiger un travail en ce sens et de l'orner de modèles pour l'intelligence des différents motifs les plus jolis et les plus nouveaux que l'on ait inventés pour le pliage des serviettes de table.

Ce n'était pas chose aussi facile qu'on aurait pu le croire tout d'abord. Chaque maître d'hôtel a son mode de pliage et il y en a peu qui consentent à en divulguer le secret. Ce n'est qu'avec beaucoup de peine que nous avons pu réunir une série de modèles différents de serviettes pliées. Quelques-uns, quoique connus et généralement adoptés, méritaient néanmoins de trouver une place dans cette collection ; d'autres, et c'est le plus grand nombre, sont complètement inédits et sont le dernier mot de la nouveauté en ce genre.

Le luxe du linge de table est porté de nos jours à un très haut degré. C'est l'orgueil de la maîtresse de maison. Nous sommes loin cependant d'atteindre sur ce point à la richesse déployée par les Asiatiques. Leur linge de table est étincelant de broderies d'or et d'argent. Nous n'en sommes pas encore arrivés jusque-là. Le plus grand luxe chez nous, en ce genre, consiste en la finesse du linge damassé. Celui dont on se sort pour les dîners de cérémonie, à Paris, ne porte comme broderie que les initiales des maîtres de la maison, exécutées en coton blanc, au plumetis, point d'or et cordonnet. Ces initiales se font plus ou moins grandes ; elles sont surmontées d'une couronne s'il y a lieu. Leur place varie selon qu'elles ornent la nappe ou les serviettes. Nous parlons ici du linge de luxe. Sur la nappe, elles sont répétées deux fois : d'abord devant la place du maître et ensuite devant celle de la maîtresse de la maison, de manière qu'elles apparaissent juste devant leur assiette. Sur les serviettes, au contraire, on se contente de broder au milieu de grandes initiales. Le linge de table à usage ordinaire est plus simplement orné : on y brode simplement, dans l'un des angles, toujours en coton blanc et en plus petit, les initiales des maîtres de la maison. Les initiales, dans l'un et l'autre cas, peuvent être enlacées ou séparées, cela dépend du goût.

Il y a des services de table damassés qui sont de vrais chefs-d'œuvre comme dessins et comme tissage. Il y en a de tissés spécialement, sur commande, pour de grandes maisons et représentant des tableaux, tels que *la Noce de Cana* ou *la Sainte Cène*, d'après Léonard de Vinci ; d'autres reproduisent des sujets de chasse ou de pêche. C'est admirable comme tissage. Les garnitures en broderie ne se sont pas introduites chez nous pour le linge de table.

Depuis quelques années, la mode du linge à bordures de couleurs nous est venue de Russie, mais seulement pour les repas sans cérémonie, les déjeuners, les thés et lunchs ; ce n'est qu'à la campagne que l'usage en est admis pour les diners. Ce linge à bordures tissées en rouge et bleu a un aspect gai et agréable; mais, je le répète, il n'est pas admis pour les repas de cérémonie. Les serviettes à bordures de couleurs sont généralement carrées et plus petites que les serviettes blanches.

RÈGLES GÉNÉRALES POUR LE PLIAGE DES SERVIETTES.

Il faut se servir de serviettes bien empesées et cylindrées, sans cela on n'arrivera pas à leur faire prendre et garder les formes compliquées dont nous allons donner l'explication. On s'installe devant une table qui permet d'étaler la serviette entièrement devant soi, lorsque cela est indiqué. Comme instrument, il suffit d'avoir à sa portée un long couteau à papier en ivoire. Nous supposons les serviettes pliées comme elles le sont généralement lorsqu'elles reviennent du blanchissage et mesurant 80 centimètres de longueur sur 72 de largeur.

Ceci posé, nous allons procéder à expliquer le plus clairement possible les différents modèles dont nous vous présentons les dessins.

SERVIETTES PLIÉES EN ÉVENTAIL.

En ce moment, la grande mode pour les dîners, c'est de plier les serviettes en forme d'éventail et de les placer dans des verres à pied, soit verres à champagne, soit plutôt, maintenant que ceux-ci sont souvent remplacés par des coupes, dans des verres à vin du Rhin en cristal de couleur. Voici plusieurs variétés de modèles de ce genre :

Nº 1. L'ÉVENTAIL BOUILLONNÉ ET A RABAT.

Dépliez entièrement la serviette et repliez en dessus le bord inférieur sur une hauteur de 24 centimètres : rabattez 12 cen-

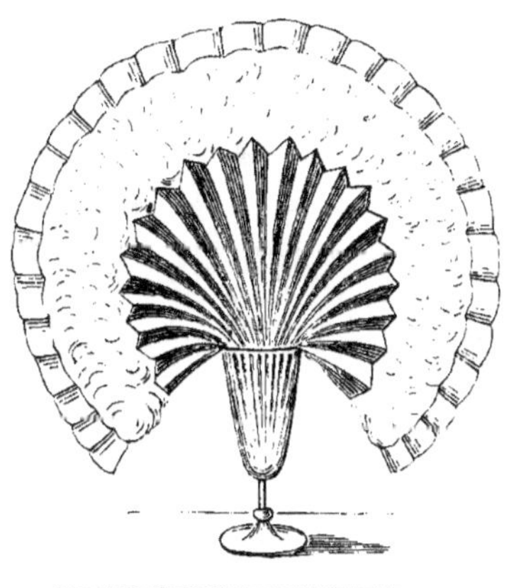

Nº 1. Éventail bouillonné et à rabat.

timètres, ce qui vous fait sur toute la longueur de votre serviette un pli de 12 centimètres. A 6 centimètres au-dessus formez un autre pli de 6 centimètres. Pliez en dessous à

4 centimètres de hauteur le bord supérieur de la serviette de manière à former un troisième pli de 4 centimètres. Prenez ensuite la serviette dans le sens de la largeur et faites dix-huit petits plis bien serrés dans toute cette largeur. Passez le couteau à papier à travers le second rang de petits plis, en largeur, de manière à former le bouillonné. Puis rabattez le haut du premier rang de petits plis. Pour cela, passez le premier doigt de la main gauche dans l'entre-deux de chaque pli, en dessous; relevez cette partie et rabattez-la en avant de façon à former une pointe, c'est ce qui produit le bord dentelé que vous voyez sur le modèle. Enfin, pincez le bout plissé de votre serviette et introduisez-le dans un verre à pied; étalez ces plis en éventail en leur donnant tout au plus une largeur de 65 centimètres.

Nº 2. L'Éventail a dents de scie.

Dépliez la serviette, étendez-la devant vous et formez, dans

Nº 2. Éventail à dents de scie.

toute sa hauteur, quatre plis superposés chacun de 6 centimètres de hauteur, vous avez 18 centimètres pour chacun des trois premiers plis, il vous reste 18 centimètres pour le dernier, c'est-à-dire que vous laissez 12 centimètres derrière la serviette. Ensuite, dans la largeur, faites, comme dans le modèle précédent, dix-huit petits plis très serrés. Pincez le bord de l'entre-deux de chacun des dix-huit petits plis des trois premiers rangs en le rabattant en avant, ainsi qu'il a été expliqué pour le modèle précédent; mais, pour le quatrième rang, rabattez le bout des plis en arrière, de manière à former les dents de scie que représente le modèle. Rassemblez les plis au bord inférieur de la serviette et introduisez-les dans un verre à pied. Étalez en éventail comme pour le n° 1.

N° 3. L'Éventail a pointe et a rabat.

Dépliez la serviette entièrement, prenez les deux coins qui sont en face de vous et rapprochez-les au milieu de manière à

N° 3. Éventail à pointe et à rabat.

former une pointe ; puis prenez le bord inférieur de la serviette et repliez-le en le rapportant à 5 centimètres de la pointe. Retournez la serviette, formez un nouveau pli ; rapportez-le à

10 centimètres de la pointe. Cela fait, prenez la serviette dans le sens de la largeur et formez quatorze plis; rabattez les pointes du rang du milieu de ces plis, comme il a été expliqué pour les modèles précédents, mettez le bout de la serviette dans un verre à pied et étalez-la en éventail.

N° 4. L'Éventail a feuilles de lis.

La serviette étant entièrement dépliée et étendue devant vous, prenez les deux coins les plus éloignés de vous et repliez-les de manière à former une longue pointe. Pour que cette pointe ait la forme voulue, il faut que le côté de droite soit

N° 4. Éventail à feuilles de lis.

replié par-dessus le côté de gauche. Prenez ensuite le bord de la serviette le plus près de vous et formez trois plis dans toute la longueur, en remontant vers la pointe. Ces trois plis superposés doivent mesurer chacun 6 centimètres de hauteur, et la pointe, au milieu, 20 centimètres. Plissez ensuite la serviette

tout entière dans le sens de la largeur, insérez le bout inférieur dans un verre à pied, puis étalez-la comme pour les
autres modèles, mais en laissant retomber les plis un peu plus
sur les côtés, de manière à former la feuille de lis.

Nº 5. L'Éventail chinois.

La serviette étant entièrement dépliée, formez une pointe
en repliant les coins de chaque côté du haut, ensuite repliez
la serviette de bas en haut, de manière à en rapporter le bord
inférieur à 7 centimètres de la pointe. Retournez la serviette

Nº 5. Éventail chinois.

sur l'autre face. Formez un nouveau pli de 12 centimètres
dans le sens de la longueur. Plissez ensuite entièrement la
serviette dans le sens de la largeur, rabattez le haut des plis
du premier rang, de manière à former un dentelé, ainsi que
nous l'avons expliqué pour le nº 1, et posez l'éventail dans un

verre à pied. L'éventail doit avoir 25 centimètres de hauteur sur 52 de largeur.

N° 6. La Double Feuille de lis.

La serviette étant entièrement dépliée, étalez-la devant vous dans le sens de sa longueur et repliez-en les quatre coins vers le centre, mais en laissant un espace de 8 centimètres vide au milieu. Prenez la pointe d'en bas et ramenez-la en repliant la serviette jusqu'à 6 centimètres de la pointe d'en haut; ensuite

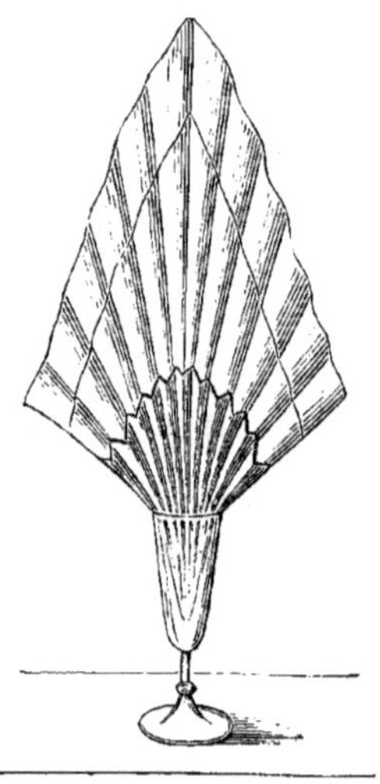

N° 6. Double Feuille de lis.

formez dans le bas, toujours dans le sens de la longueur, un pli de 6 centimètres. Prenez ensuite la serviette dans le sens de la largeur et formez quatorze petits plis de 3 centimètres chacun. Rabattez le haut du premier rang de petits plis, en dentelé; serrez bien le bout de la serviette et placez-la dans un

verre à pied en la disposant comme le modèle. Cette serviette
ainsi pliée doit avoir 40 centimètres de hauteur.

N° 7. La Palme.

Pliez la serviette en losange comme pour le modèle précédent, toujours en laissant un espace vide de 8 centimètres au
milieu, puis repliez la serviette de manière à placer les deux

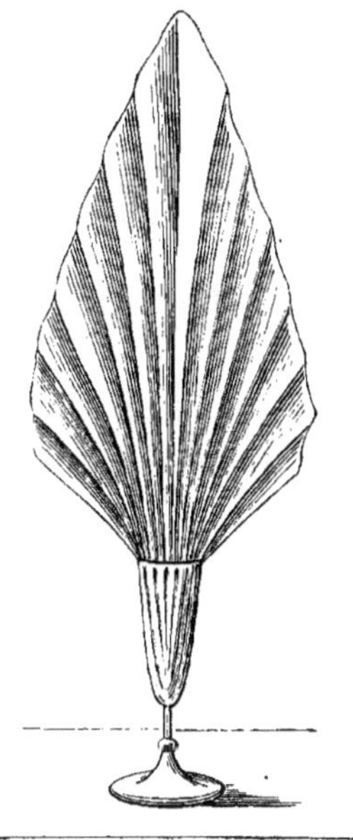

N° 7. La Palme.

pointes l'une sur l'autre. Plissez entièrement la serviette ainsi
pliée dans le sens de la largeur. Il faut douze plis de 2 centimètres chacun. Placez la palme dans un verre à pied ; elle
doit avoir 40 centimètres de hauteur.

Nᵒ 8. La Palette.

Dépliez entièrement la serviette, étalez-la dans le sens de la largeur et repliez-en les deux coins du haut, mais en laissant un espace vide de 20 centimètres entre les deux plis ainsi formés. Repliez ensuite le bord inférieur de manière à le

Nᵒ 8. La Palette.

rapporter à 10 centimètres du sommet. Retournez la serviette sur l'autre face et faites dans le bas un pli de 12 centimètres de hauteur. Plissez entièrement la serviette dans le sens de la largeur, en formant quatorze petits plis; rabattez le haut des plis de ce dernier rang en dentelé et mettez-la dans un verre à pied. Hauteur, 40 centimètres; largeur, 5o centimètres. .

Nᵒ 9. Le Papillon.

La serviette étant entièrement dépliée devant vous, prenez-en les deux coins supérieurs et repliez-les de manière à former une pointe. Ensuite, pour former les ailes, reprenez les deux extrémités des parties repliées, au milieu, ouvrez-les à droite et à gauche de manière que le bord supérieur de la serviette fasse une ligne droite à 10 centimètres de la pointe. Prenez ensuite le bord inférieur de la serviette et ramenez-le

N° 9. Le Papillon.

à 12 centimètres au-dessous de la ligne droite dont il vient d'être parlé. Retournez la serviette et pliez de nouveau le bord inférieur sur une hauteur de 12 centimètres. Cela fait, plissez entièrement la serviette dans le sens de la largeur. Rabattez en dentelé le haut du premier rang de plis, pincez le bout plissé, mettez-le dans un verre à pied et étalez les plis. Hauteur, 32 centimètres; largeur des ailes, 45 centimètres.

N° 10. Le Porte-œufs.

La serviette étant pliée comme elle l'est habituellement lorsqu'elle vient du blanchissage, dépliez-la sur sa longueur

2

seulement, de manière à obtenir une bande de 80 centimètres de longueur sur 24 de largeur. Prenez les deux bouts de cette bande et ramenez-les au milieu en les rejoignant de manière à former une pointe. Vous avez obtenu une figure dont la partie supérieure est un triangle; prenez la pointe de droite de la base de ce triangle, et ramenez à la pointe du haut en

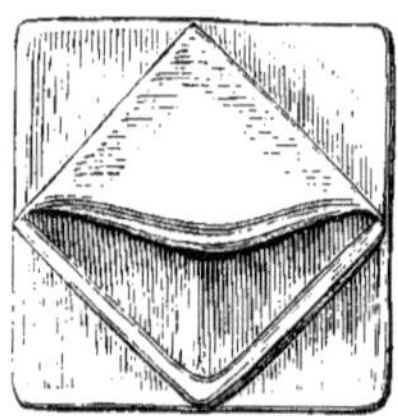

Nᵒ 10. Le Porte-œufs.

faisant un pli qui aboutit au centre. Repliez ensuite la partie flottante sur la droite. Répétez la même opération du côté gauche, la partie flottante étant, de ce côté, ramenée à gauche. Repliez les bords de la partie flottante de chaque côté, de manière qu'elle ne dépasse pas la pointe du carré formé en dessous. Retournez votre serviette et vous aurez une pochette dans laquelle vous pourrez mettre des œufs à la coque.

Nᵒˢ 11 et 12. La Pochette anglaise.

La pochette à double rouleau dont nous donnons le modèle sous deux aspects, l'endroit et l'envers, se plie absolument comme le modèle précédent; seulement, au lieu de replier simplement l'extrémité des parties flottantes, on les tourne sur elles-mêmes de manière à former des rouleaux, comme le représente notre dessin. La serviette est placée sur une assiette, les rouleaux en dessous, et la pochette sert à contenir le petit pain. Nous ferons remarquer que lorsque la serviette

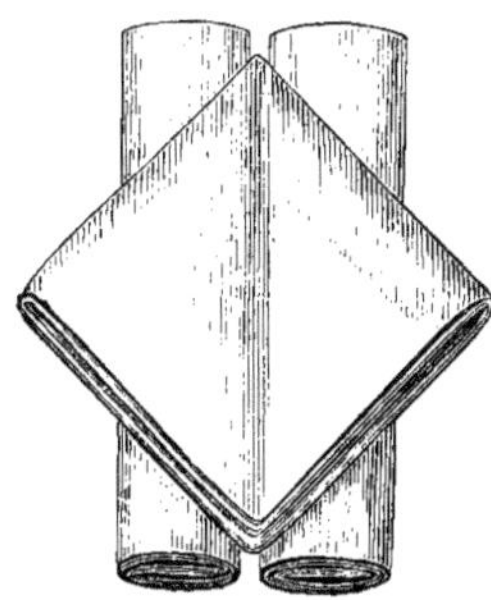

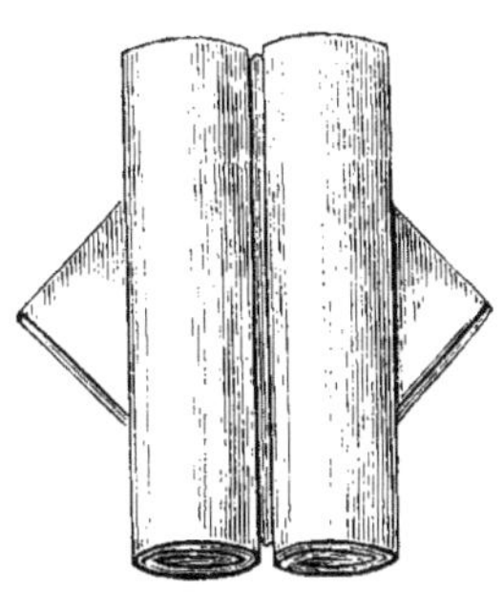

N° 11. Pochette anglaise à l'endroit.   N° 12. Pochette anglaise à l'envers.

est marquée dans le milieu, le chiffre se trouve exactement au centre du carré.

N° 13. Le Porte-bouquet.

Dépliez la serviette dans toute sa longueur, puis replicz-la

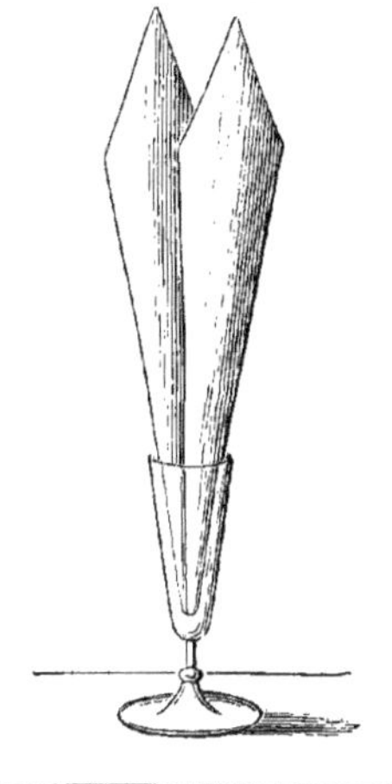

N° 13. Porte-bouquet.

en deux, dans le sens de la largeur. Prenez les deux coins
d'en haut que vous rapprochez l'un de l'autre, de manière à
former une pointe. Mettez la main gauche sur cette pointe,
de la main droite prenez le coin de droite que vous avez
replié au milieu et tournez-le en dessous, en forme de cornet.
Prenez ensuite le coin qui était primitivement à gauche et
tournez-le de même en dessous, en forme de cornet. Relevez
la serviette dans la main gauche et placez le double porte-
bouquet dans un verre à pied.

N° 14. LE PORTE-MANCHETTES.

Pour réussir cette figure, il faut autant que possible une
serviette carrée. Dépliez-la entièrement et ramenez les quatre
coins vers le centre, de manière à former un carré bien régu-
lier, puis repliez de nouveau les quatre coins pour former un
carré plus petit. Retournez ensuite votre serviette sur l'autre

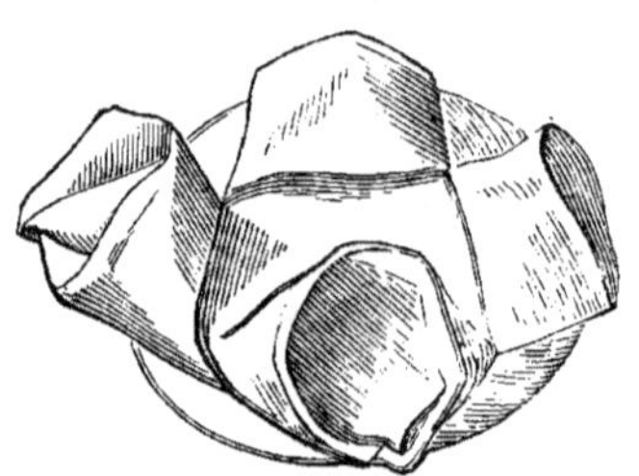

N° 14. Porte-manchettes.

face et repliez les quatre coins ainsi que nous venons de le
dire; retournez la serviette sur sa première face et repliez les
coins encore une fois. Cela fait, posez la serviette sur une
assiette; prenez chacun des coins l'un après l'autre entre le
pouce et l'index et formez ainsi les quatre manchettes repré-
sentées sur le dessin.

Nᵒ 15. Le Petit Bonnet a pointe simple.

Dépliez la serviette sur toute sa longueur, puis pliez-la en
deux. Repliez les deux côtés de manière à former une pointe
au milieu. Retournez la serviette en plaçant la pointe en bas

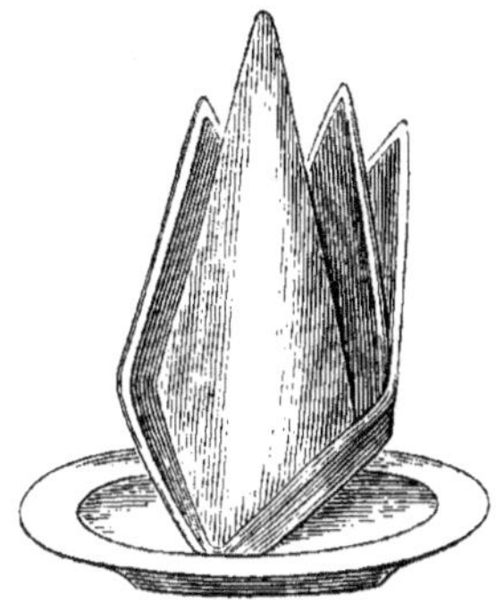

Nᵒ 15. Petit Bonnet à pointe simple.

et repliez les deux autres coins de manière à obtenir un carré.
Introduisez ensuite la pointe de droite dans le pli de gauche.
Élargissez la base en glissant vos doigts dans l'ouverture du
bas, écartez un peu les plis de côté et posez le bonnet tout
droit sur une assiette.

Nᵒ 16. Le Bonnet chinois.

La serviette étant pliée en trois, dépliez-la sur la longueur
seulement, prenez-en les deux bouts et pliez-les de manière
qu'ils se rejoignent et forment une pointe au milieu. Prenez
ensuite le bout de droite et repliez-le deux fois, de manière à
former un pli de 8 centimètres de hauteur. Faites-en de même

du côté gauche. Relevez la serviette, introduisez le bout du

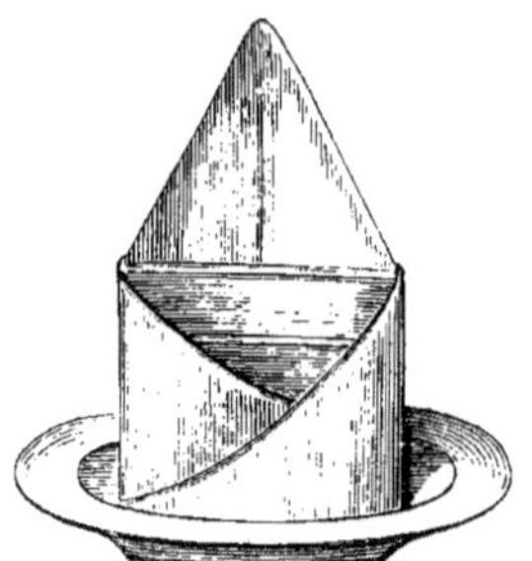

N° 16. Bonnet chinois.

pli de droite dans le pli de gauche. Arrondissez avec les doigts le bas de la serviette et posez-la sur une assiette.

N° 17. Le Bonnet d'évêque.

Dépliez votre serviette sur toute sa longueur, comme pour le bonnet chinois, et formez une pointe au milieu en repliant

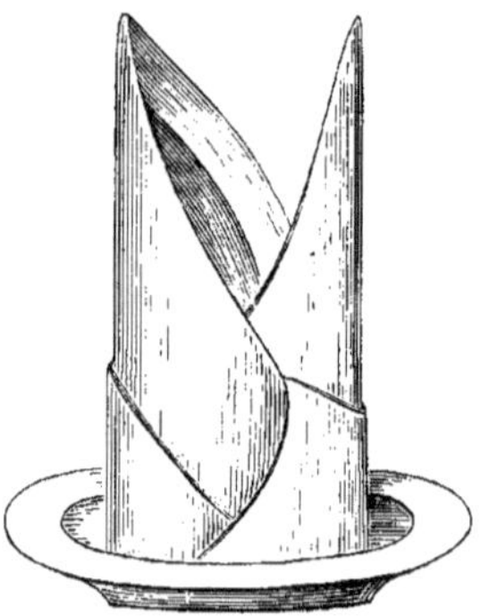

N° 17. Bonnet d'évêque.

les deux bouts de chaque côté. Retournez la serviette en mettant la pointe en bas et pliez-la de chaque côté pour former une seconde pointe, vis-à-vis de la première. Pliez-la en deux, de manière que les deux pointes se touchent. Retournez la serviette sur l'autre face. Relevez-la, arrondissez-la du bas et passez le coin d'en bas, du côté droit, dans le pli du côté gauche. Puis écartez avec les doigts les deux grandes pointes du haut et placez la serviette sur une assiette en lui donnant la forme représentée par le dessin.

N⁰ 18. Le Double Bateau.

Dépliez votre serviette sur toute sa longueur. Prenez-en les deux bouts et ramenez-les au centre, de manière qu'ils se touchent. Retournez la serviette et faites de même. Rabattez le coin de gauche. Pour cela vous prenez la pointe de gauche, au milieu de la serviette, et vous la ramenez en bas en formant un triangle. Répétez la même opération du côté droit, vous

Nᵒ 18. Double Bateau.

avez donc un carré dans la partie supérieure de votre serviette. Repliez ce carré sur lui-même en portant la pointe du bas sur celle du haut. Puis, sur la partie inférieure de votre serviette, vous faites absolument de même un autre carré, vous prenez le coin qui se trouve au centre du côté gauche et vous le portez en haut, vous faites de même du côté droit, vous rabattez de nouveau ce carré sur lui-même en portant la pointe d'en haut sur celle d'en bas. Cela fait, vous retournez votre serviette sur l'autre face, ensuite vous prenez la pointe d'en haut que vous repliez jusqu'au tiers inférieur, et vous recouvrez cette pointe par celle d'en bas que vous rabattez par-dessus. Vous prenez le côté droit de la serviette et le ramenez sur le côté gauche. Vous relevez la serviette et vous l'ouvrez de chaque côté, ce qui vous donne deux bateaux tels que les représente notre dessin. Vous les dressez sur une assiette et vous mettez dans l'un un petit pain et dans l'autre un bouquet.

Lorsque la serviette est marquée dans le milieu, le chiffre se trouve sur la petite bande qui relie les deux bateaux.

N° 19. La Cocotte.

Quelques personnes ayant imaginé de plier en cocotte les petites serviettes carrées à bords de couleurs qui figurent surtout dans les lunchs et les thés de cinq heures, comme aussi très souvent dans les déjeuners à la campagne, cette innova-

N° 19. Cocotte.

tion a paru originale et nous avons cru devoir en donner le modèle.

Cette figure n'est pas difficile à faire, mais elle est assez compliquée à décrire. Il faut avoir une serviette carrée et pas très grande.

Dépliez entièrement votre serviette. Pliez-en les quatre coins, de manière que les quatre pointes se rejoignent au milieu. Repliez encore une fois les coins de même pour former un carré plus petit. Retournez la serviette sur l'autre face et repliez de nouveau les quatre coins. Pliez ensuite ce carré en deux, puis en quatre, en serrant bien les plis entre les doigts. Toutes ces opérations ont pour but de tracer des carrés réguliers sur toute la serviette. Cela fait, dépliez-la de manière à ne laisser les coins pliés qu'une seule fois. Ensuite pliez la serviette en deux par le milieu. Rabattez la pointe du haut pour former la tête et celle du bas pour former la queue de la cocotte, tandis que les deux pointes des côtés forment les pattes. Dressez la cocotte sur une assiette.

Nº 20. Le Pavillon.

Prenez, comme pour la cocotte, une petite serviette carrée et pliez-la de manière à la diviser en carré, ainsi que nous venons de l'expliquer pour le modèle précédent. Lorsque tous vos plis sont bien marqués, dépliez la serviette en laissant les

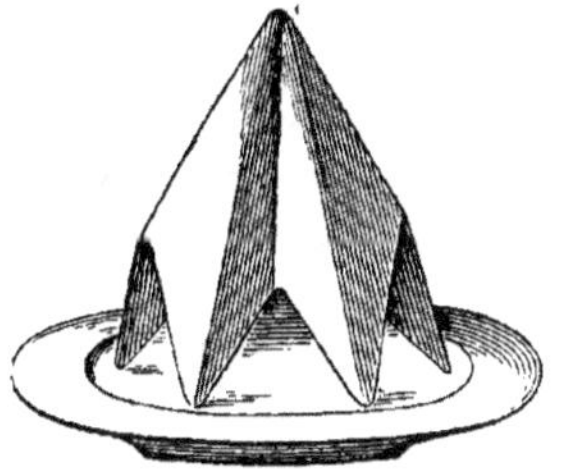

Nº 20. Pavillon.

coins repliés deux fois seulement. Prenez la serviette par le milieu et pincez les plis en les faisant retomber de manière à former quatre pointes régulières. Posez la serviette, les pointes en bas, dans une assiette, en lui donnant la forme représentée par le dessin.

N° 21. LES ANSARTS.

La serviette étant pliée en trois, comme lorsqu'elle revient du blanchissage, dépliez-la entièrement sur toute sa longueur devant vous.

Prenez les deux bouts de la serviette ainsi étendue et ramenez-les vers le centre où ils doivent se toucher.

N° 21. Ansarts. — Figure 1.

Reprenez ensuite les deux côtés déjà pliés, à gauche et à droite, et ramenez-les de nouveau vers le centre en les rejoignant. La figure 1 montre cette opération en voie d'exécution.

La figure 2 montre la serviette repliée pour la seconde fois et retournée.

Pour obtenir la figure 3, après avoir retourné la serviette, rabattez le milieu du bord supérieur vers le bas, de manière à former un losange:

Ramenez ensuite la pointe du bas vers le haut en pliant le

N° 21. Ansarts. — Figure 2.

losange en deux complètement. Retournez la serviette de bas en haut et formez un nouveau losange, en rabattant la

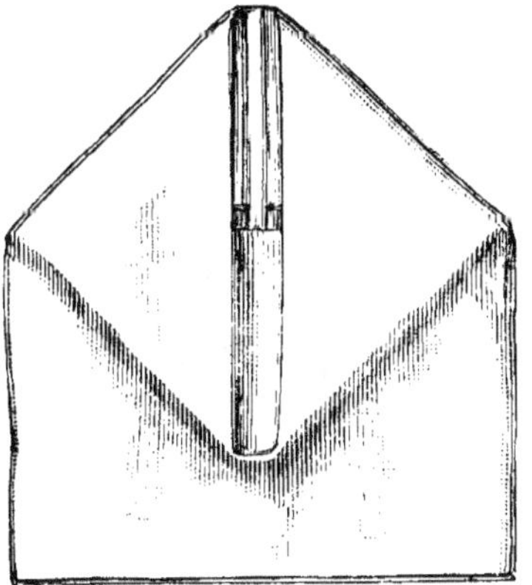

N° 21. Ansarts. — Figure 3.

pointe comme pour le premier. Relevez la pointe du losange inférieur, en le posant par-dessus l'autre, et vous aurez la figure 4.

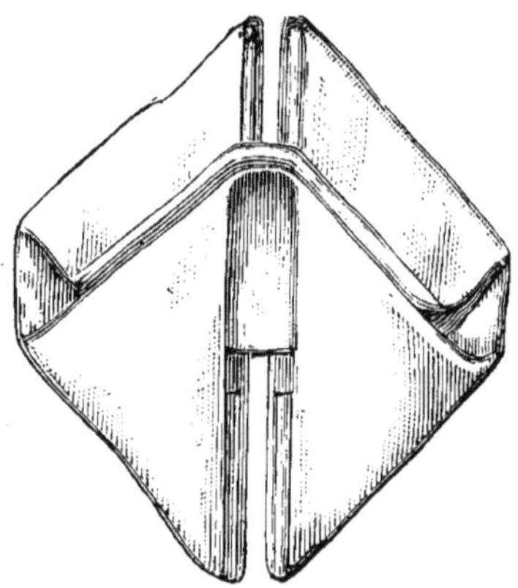
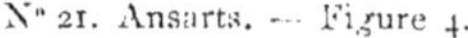

N° 21. Ansarts. — Figure 4.

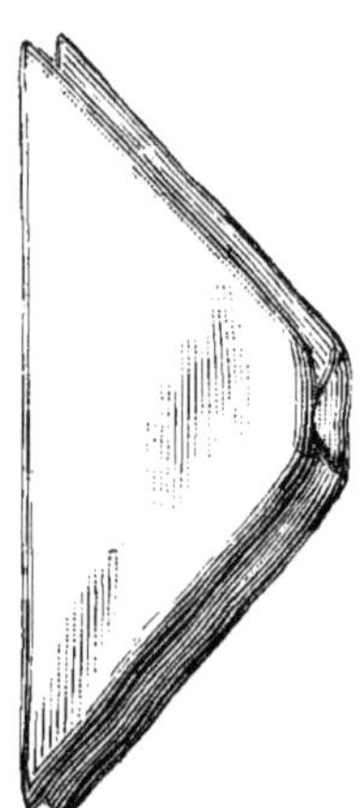

N° 21. Ansarts. — Figure 5.

Pliez la serviette en deux, de manière à obtenir le tricorne représenté par la figure 5.

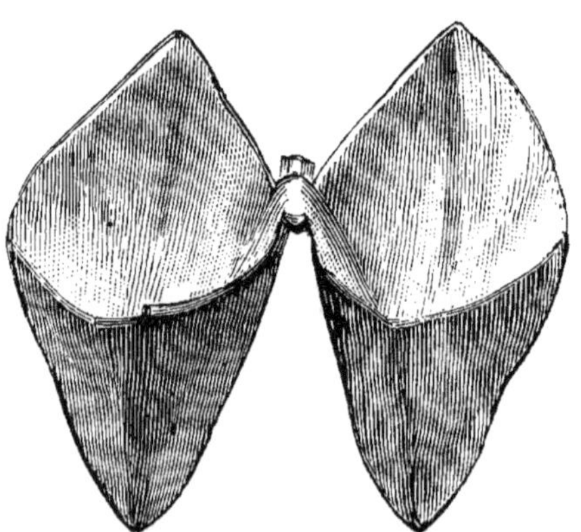

N° 21. Ansarts. — Figure 6.

Redressez la serviette ainsi placée, ouvrez-la de chaque côté et vous obtiendrez les deux poches ou *ansarts* que l'on place sur le dos d'un âne et dans lesquels on met sa charge. Ces ansarts, reliés par une petite traverse, sont représentés par la figure 6.

En faisant ce pliage, il faut avoir soin de tenir le chiffre brodé bien au milieu, de manière qu'il paraisse sur la traverse.

On peut mettre dans l'une des poches un petit pain et dans l'autre un bouquet de corsage ou un mignon piquet pour boutonnière.

Nº 22. L'Accordéon.

Dépliez la serviette dans toute sa longueur, comme pour le modèle précédent. Puis pliez-la en quatre, toujours dans le sens de la longueur, de manière à former la bande longue et étroite représentée par la figure 1.

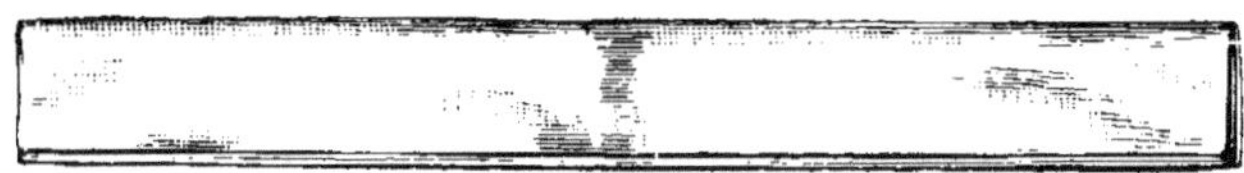

Nº 22. Accordéon. — Figure 1.

Prenez cette bande du côté gauche (et non du côté droit, comme l'indique à tort la figure), et faites un pli formant angle droit, ainsi que le démontre la figure 2.

Nº 22. Accordéon. — Figure 2.

Repliez de nouveau la bande par *en dessous,* de façon à former une pointe comme le représente la figure 3. Continuez

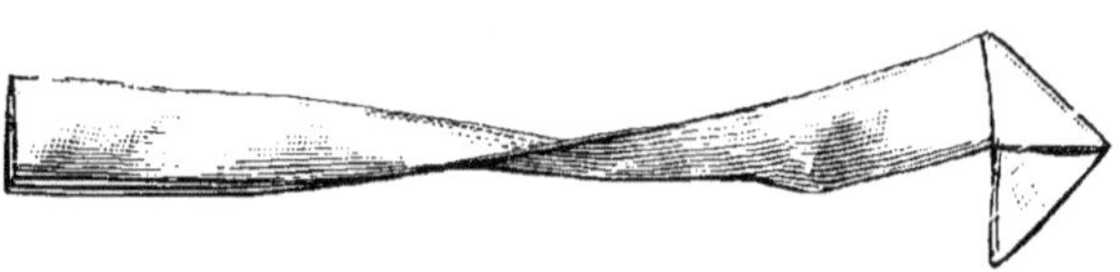

N° 22. Accordéon. — Figure 3.

de même, pour former la figure 4, en repliant toujours la bande par en dessous, et en la posant sur les plis précédents.

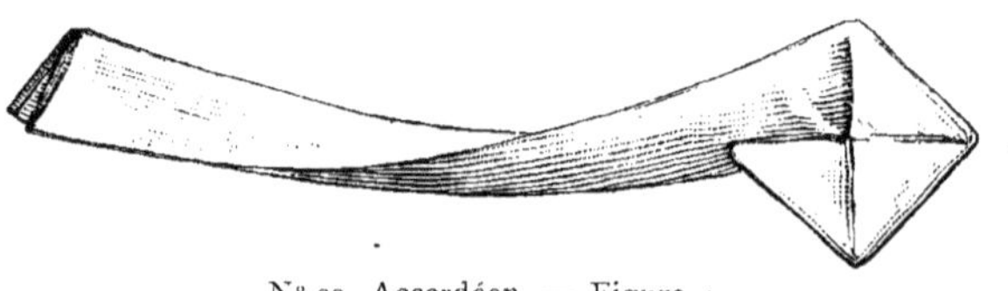

N° 22. Accordéon. — Figure 4.

La figure 5 représente le pliage du premier carré terminé et la figure 6 montre le pliage complètement achevé, et se com-

N° 22. Accordéon. — Figure 5.

N° 22. Accordéon. — Figure 6.

posant de quatre carrés superposés, ressemblant aux plis d'un accordéon. Au dernier carré, on a soin de bien replier en dessous le dernier coin, afin d'obtenir une surface parfaitement nette.

Nº 23. La Fleur de lis.

Dépliez la serviette complètement, étalez-la devant vous, puis pliez-la en biais. Repliez-la ensuite, en ramenant la pointe vers le bord, ainsi que l'indique la figure 1.

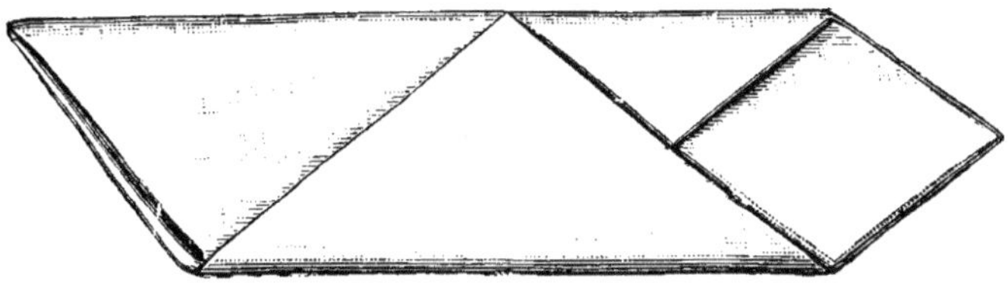

Nº 23. Fleur de lis. — Figure 1.

Pliez ensuite la serviette ainsi préparée en six, toujours de biais et dans toute sa longueur, de manière à obtenir une bande longue et étroite.

Repliez trois fois cette bande, en formant six boucles, ainsi que le représente la figure 2 très exactement; puis, avec la

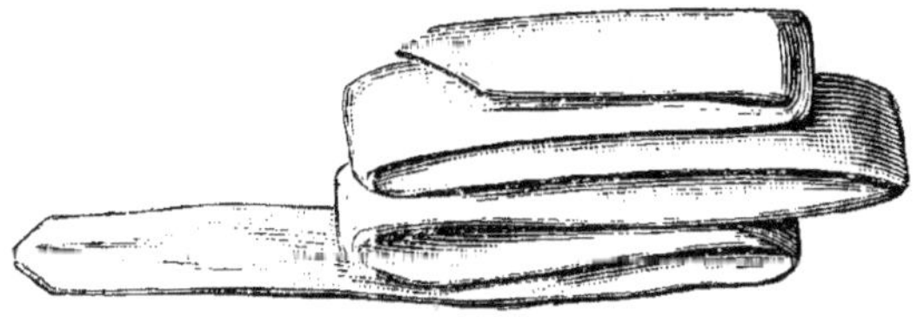

Nº 23. Fleur de lis. — Figure 2.

main gauche, relevez cet ensemble de boucles de façon qu'il y en ait trois dans le haut et deux dans le bas; prenez, avec la main droite, le bout. qui dépasse, entourez-en le groupe de bouclettes, serrez et assujettissez bien, un peu plus bas que le milieu. Écartez bien les boucles et disposez-les de manière à obtenir la forme d'une fleur de lis, représentée par la figure 3.

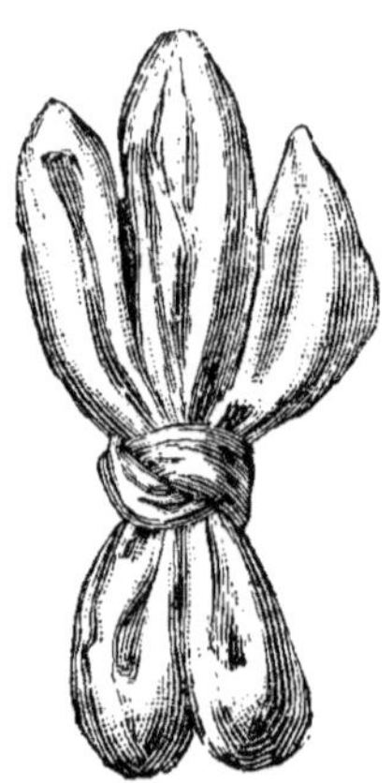

N° 23. Fleur de lis. — Figure 3.

La serviette ainsi disposée peut se mettre soit à plat sur l'assiette, soit dans un verre à pied.

www.ingramcontent.com/pod-product-compliance
Lightning Source LLC
LaVergne TN
LVHW021649170726
843501LV00007B/2481